Encyclopedia Philosophika Obskura

Vassilios Kotsis

Encyclopedia Philosophika Obskura

Vassilios Kotsis

Alle Rechte der Vervielfältigung, Bearbeitung und Übersetzung, ganz oder teilweise, sind für alle Länder vorbehalten. Die Autorin oder der Autor oder Herausgeber ist alleinige*r Inhaber*in der Rechte und verantwortlich für den Inhalt dieses Buches. Das Gesetz über geistiges Eigentum verbietet Kopien oder Vervielfältigungen, die für eine kollektive Nutzung bestimmt sind. Jede vollständige oder teilweise Darstellung oder Vervielfältigung, die durch ein beliebiges Verfahren ohne die Zustimmung der Autorin oder des Autors oder seinen Berechtigten oder Rechtsnachfolger*innen erfolgt, ist rechtswidrig und stellt eine Fälschung im Sinne der Artikel L.335-2 ff. des Gesetzes über das geistige Eigentum dar.

© 2024 Vassilios Kotsis

Herstellung und Verlag:

BoD – Books on Demand, Norderstedt

ISBN : 9783743181915

Inhaltsverzeichnis

Index 8

Der Alternative 9

Die Angepasstheit........................10

Die Anpassungsfähigkeit.............12

Der Anspruch................................14

Die Askese 16

Die Astronomie.............................18

Die Autobiographie......................19

Die Biographie..............................20

Die Cochlea...................................22

Die Doppelte Verneinung 24

Die Einbürgerung.........................25

Die Eingebung 27

Die Formel 29

Das Genie..31

Die Helligkeit..32

Der Horizont...33

Die Insel...35

Der Jungbrunnen......................................36

Der Kosmopolit..37

Der König..39

Die künstliche Intelligenz.........................40

Der Luxus...42

Der Metropolit..44

Der Mönch..47

Der Nomade..48

Die Oszillation..50

Der Pfand..52

Die Quantenphysik...................................53

Die Reaktanz..55

Die Routine 57

Die Sprachkompetenz 60

Der Stadtmensch 61

Die Temperatur 65

Das Unverständnis 67

Die Verschränkung 69

Die Wahrscheinlichkeit 71

Die Wahrheit 72

Die Weltformel 74

Die Xenophobie 75

Das Ypsilon 77

Die Zeit 79

Das Zwielicht 81

Index

A B C D E F G H I J K L M N O P Q R S T U V W X Y Z

Der Alternative

Der Alternative ist ein Mensch, der stets die Alternative sucht. Um der Masse zu entfliehen versucht er, in der Hoffnung sein sogenanntes Rest-selbst dadurch zu erhalten, indem er Dinge entgegen der vermeintlich vorherrschenden Meinung aller anderen zu vollbringen versucht. Der Alternative ist ein äußerst skeptischer Mensch mit außerordentlichen Fähigkeiten, die er allerdings aufgrund seiner alternativen Haltung gegenüber Jedem und allen Sachverhalten, selten zur Geltung bringen kann. Sein Wirken kommt meistens erst in der Zukunft zum tragen und ermöglicht es den nachfolgenden Generationen Mut zu fassen, indem er ihnen ein Vorbild aus der Vergangenheit bietet.

Die Angepasstheit

Die Angepasstheit war etwas was ich einerseits sehr verabscheute, allerdings war ich selbst ein Opfer dieser Angepasstheit, denn von allen schien ich am meisten angepasst zu sein. In einer Zeit groß geworden und gelebt, in der die Zeit selbst nicht vorhanden zu sein schien. In einem Raum, der als Ballungsraum heute noch Legenden beschreibt. Alles haben wir erlebt, doch gelebt hat niemand von uns, denn das musste man in der Zeit unserer Jugend sich erst noch verdienen, so es hieß. Und so sehr ich versuchte den Moment zu begreifen, so sehr bemühten sich alle anderen diesen Moment zu zerstören. Manchmal so dachte ich, sei nicht ich der Herr meiner Sinne, obwohl nun so offensichtlich es ist – dass ich es immer war, jedoch nützt es ja ohnehin nichts, denn das Leben schritt voran von Tag zu Tag. Manch einer sammelte Geld, der andere Liebschaften, ich sammelte manchmal Münzen, und wieder andere sammelten Erlebnisse – wie sie es nannten. Meine Erlebnisse entstanden als Trauma ihrer Erlebnisse, so war die Welt des Gemeinsamen. Niemand wollte es wahr haben, aber sprechen, dass konnte auch keiner mehr. Als würde man im Dschungel mit Tieren leben, so seltsam, und wozu wir nun alle zu Schule gingen, um am Ende uns eher wie Tiere zu benehmen!?

Die Anpassungsfähigkeit

Die Anpassungsfähigkeit ist genau die Eigenschaft, die den Menschen zu dem macht was ihn eben ausmacht. Sie ist zugleich ein Segen und sein persönlicher Fluch. Der moderne Mensch (Homo Sapiens Sapientis) der weiseste Vertreter unter den Hominiden hat es geschafft über die Millionen von Jahre andauernden widrigen Umständen heraus zu überleben und dem Planeten und seinen entfernteren Verwandten seine Note aufzuprägen. Dabei war seine Anpassungsfähigkeit gerade in den längst vergessen geglaubten Zeiten als er noch als Jäger und Sammler durch die Welt wanderte seine große Stärke im Kampf ums Dasein, ständig auf der Hut, nicht erfrieren oder verdursten zu müssen, nicht von großen Raubkatzen gefressen zu werden oder von giftigen Schlangen, Spinnen oder Skorpionen gebissen zu werden. Ständig von allen möglichen Insekten als Objekt der Begierde und den Umwelteinflüssen ausgesetzt konnte er nichts weiter tun als sich ständig anzupassen.

Der Anspruch

Der Anspruch stellt eine subjektive Haltung eines Menschen dar, die ihn in eine Erlebniswelt gefangen hält, zum Beispiel besonders viel besitzen zu müssen, besonders gut behandelt werden zu müssen oder aber eben mehr als alle anderen Menschen verdienen zu müssen. Aus tiefenpsychologischer Sicht heraus betrachtet, erklärt sich diese Haltung aus einer sogenannten überbehüteten Kindheit heraus und wurde in den reichsten Ländern der Welt als eine häufige und eigenständige Ursache von vielerlei psychischen Verstimmungen und Leid betrachtet, da eben die real erlebten Probleme all zu oft von den Erwachsenen betroffenen in ihrer Kindheit abgenommen und wie erwähnt behütet wurden. Viele Menschen schienen zu Leiden, obwohl alles bereits im Lot zu sein schien. Alles erledigt, genügend Geld und Einkommen, alle Fähigkeiten vorhanden und auch sonst war ja niemand auf dem Mund gefallen, so es schien. Aber ganz leicht unter der Oberfläche nur gekratzt so sah man bereits das Unvermögen der Mitmenschen sich auch für ihre Liebsten zu freuen. Sie missgönnten es ihnen, ganz als würden sie darunter leiden, wenn jemand anderes außer sie selbst auch mal fröhlich war.

Die Askese

Die Askese ist eine Übungspraxis im Rahmen von Selbstschulung, dabei wird die Erlangung von Fähigkeiten, Selbstkontrolle und Festigung des Charakters angestrebt. Der Praktizierende wird Asket genannt. Er praktiziert einerseits das beharrliche Einüben der angestrebten Fähigkeiten, andererseits vermeidet er alles, was nach der Überzeugung des Asketen der Erreichung dieser selbst gesetzten Ziele und Fähigkeiten scheinbar im Wege stehen. Den Ausgangspunkt bildet oft die Annahme, dass die disziplinierte Lebensweise, die Beherrschung von Trieben und Gedanken voraussetzt. Die auffälligste Auswirkung auf die Lebenspraxis besteht im freiwilligen Verzicht auf bestimmte Bequemlichkeiten und Genüsse, wie zum Beispiel ein übermäßiger Genuss von Alkohol und anderer Rauschmittel, die der Asket für hinderlich und mit seinem Lebensidealen unvereinbar hält. Hinzu kommen Maßnahmen zur körperlichen und geistigen Ertüchtigung, in manchen Fällen auch Übungen im Ertragen von Schmerzen. Askese wird zwecks dem Erreichen eines als höherwertig wahrgenommenen Ziels praktiziert.

Die Astronomie

Die Astronomie ist ganz wörtlich betrachtet die Wissenschaft von den Sternen. Sie ist ganz nüchtern betrachtet die Königsdisziplin aller Wissenschaften, da sie sich mit dem größten zu untersuchenden Phänomen zu beschäftigen versucht, dem Universum. Einem für uns Menschen unendlich großem, schwer fassbaren Raum, in denen wir alle uns in unserer Kleinheit und zeitlichen Endlichkeit recht hilflos empfinden. Trotz alle dem hat die Astronomie der Menschheit weitaus mehr an Erkenntnissen geschenkt und Möglichkeiten hervorgebracht, die unser Dasein stets weiter gesichert hat.

Die Autobiographie

Die Autobiographie ist eine biographische Schrift, die von dem Autor selbst geschrieben wurde über die diese eben handelt. Sie ist abzugrenzen von der herkömmlichen Biographie, (siehe Biographie), da sie voraussetzt, dass der Biograph auch tatsächlich jener ist über den diese Biographie handelt. Ob nun ein realistisches Abbild seiner selbst abgebildet werden kann und niedergeschrieben wird bleibt allerdings fraglich, da eben ein jeder Mensch gewillt ist sich in einem sehr guten Licht darzustellen und die meisten dieser biographischen Inhalte geschönt werden.

Die Biographie

Die Biographie beschreibt grob gesagt den Werdegang eines Menschen. Und weil ein jeder Mensch einzigartig in seinem Werdegang ist, so gibt es auch unzählige Biographien. Manche Biographien werden nicht niedergeschrieben, weil niemand es für nötig erachtete dem Leben dieses Menschen durch die entsprechend niedergeschriebene Biographie Rechnung zu tragen und sein Leben dadurch zu würdigen. Im Gegensatz zu der Autobiographie, die von diesem Menschen selbst geschrieben wird, so gibt es bei der Biographie keinerlei Gewissheit, ob sie denn auch stimmig ist. Manche Menschen erlangen in den Biographien, die ihr Leben schrieb eine sogenannte literarische Unsterblichkeit, die in den Erinnerungen und den Sagen der Nachkommen für ewig weiterzuleben scheinen. So gibt es einige Figuren aus der Literatur, die durch ihre Biographie ewig in all unserer Erinnerungen weiterzuleben scheinen. Es sind die Helden einer längst vergessen geglaubten Zeit unserer aller Vorfahren. Gilgamesch, Theseus, Achilles, Odysseus, Kleisthenes, Thales, Phytagoras, Leonidas, Lord Byron, Francis Bacon, Johanna von Orleàns und viele mehr um nur einige von diesen hier nun zu nennen.

Die Cochlea

Die Cochlea – oder Ohrschnecke befindet sich im Mittelohr des Menschen, sie ist der Ort wo das tatsächliche Hören erstmalig als Sinneseindruck stattfindet. Es stellt damit die von dem Trommelfell übertragenen Schallwellen dem Gehirn zur Verfügung und ermöglicht uns Sprache, und einzelne Töne voneinander zu unterscheiden und eben auch Musik zu empfinden. Sie ist dem Schneckenhaus sehr ähnlich – daher auch der Name Ohrschnecke. Wenn man bereits selbst mal eine echte Cochlea gesehen hat, so bleibt einem nur das wundern über die doch so perfekt anmutende Form dieses Sinnesorgans, da ihre zierliche Größe und die präzise filigrane

Form einer Schnecke allen uns das Hören ermöglicht.

Die Doppelte Verneinung

Die doppelte Verneinung ist ein literarisches aber auch sprachliches Stilmittel, das häufiger für Verwirrung sorgt. Es wird oft und fälschlicherweise aus versehen verwendet – zum Beispiel bei Sätzen wie: „Sie haben keine Ahnung von Nichts" – oder „Nie schweigt er lauter als nun!" In Anbetracht solcher Sprachverwirrung kann es beim Gegenüber zu sehr heftigen unerwarteten Reaktionen kommen, da eben eher das Gegenteil von dem erwartet wurde als ursprünglich erhofft.

Die Einbürgerung

Die Einbürgerung ist ein Verfahren, welches einem aus dem Ausland stammenden Menschen ermöglicht die jeweilige Staatsbürgerschaft des Landes zu erlangen, in dem er aktuell lebt. Es gibt gewisse Kriterien, die dieser Mensch zu erfüllen hat unter anderem den ausreichend guten Spracherwerb. Meine Beobachtungen diesbezüglich als Psychologe, da ich einige Personen kannte, die diesen Prozess durchlaufen haben, waren recht absonderlich. Es schien so als würden diese Menschen eine regelrechte Wesensveränderung erleiden nach dieser Einbürgerung. Absonderlich, deswegen, weil sie aus meiner Sicht äußerst feindselig nun ausgerechnet denjenigen gegenüber waren, die als frische

Immigranten ins Land kamen und aus verschiedensten Gründen um Asyl baten. Beinahe über Nacht beim Erlangen der Staatsbürgerschaft waren sie wie ausgewechselt und eben ganz strikt gegen eine lockere Einwanderungspolitik. Als wissenschaftlich denkender Psychologe und eben nicht auf dem Mund gefallen, fragte ich ganz offensiv nach, was sich denn nun wesentlich geändert hätte, aber siehe da plötzlich ich selbst auch dieser Diskriminierung mich ausgesetzt sah. Ein befremdliches Unterfangen, wie sollte man mit solch Artgenossen nun umgehen, beinahe 30 Jahre kannte man sich, allerdings war man ihnen nun doch kein Freund mehr.

Die Eingebung

Die Eingebung im hier verwendeten Sinne ist eine Fähigkeit, die nur sehr wenige hochbegabte Menschen beherrschen. Im psychologischen Fachjargon beschreibt sie die Fähigkeit andere etwas glauben und wissen zu lassen. Nicht zu verwechselt ist sie mit der doch eher plumpen Suggestion, die nun ja allgegenwärtig zu sein schien. Nein die Eingebung ist sowohl ein Talent, als auch eine ausdifferenzierte Fähigkeit, die dem Akteur es ermöglicht alle Sinneseindrücke, Erinnerungen und auch Ziele und Wünsche aller Mitmenschen antizipieren zu können ohne, dass diese es selbst bereits könnten. Sie ermöglicht dem Akteur sie zu nutzen, um mit seinen Mitmenschen in einem immerwährenden Kontakt zu bleiben ohne tatsächlich miteinander sprechen zu müssen. Aufgrund der Seltenheit dieser Fähigkeit, wird sie von den nicht Fähigen oft als Scharlatanerie betrachtet oder dem Okkultismus zugeschrieben, ganz nach dem Motto was nicht verstanden wird darf es auch so nicht geben.

Die Formel

Die Formel ist eine Kombination aus mathematischen Skalaren, Summen oder Produkten, die zur Lösung diverser Probleme verwendet werden kann. So gibt es für jede Disziplin, ob im Ingenieurswesen, in der Vermessungstechnik, in der Wirtschaft in der Biologie, Chemie oder auch Astronomie, und der Mathematik selbst vielfältige und sehr viele verschiedenartige Formeln. Manch einer suchte auch vergebens eine Formel für die Liebe, die ja bekanntlich sich selten in eine Formel pressen lassen möchte. Verwendete man die Formel allerdings falsch so ergab sich in der Regel natürlich auch ein falsches Ergebnis, trotzdem auf diese besagten Formeln zu verzichten glich einem wahnsinnigen

Unterfangen, da der Aufwand viel zu hoch erscheint, wenn man eben ohne Formel zum Ergebnis gelangen möchte.

Das Genie

Das Genie ist ein Mensch mit außerordentlichen Fähigkeiten und besonderen Talenten. Das Genie verbringt den größten Teil seines Daseins mit den Disziplinen der Wissenschaft und hat allzu häufig Schwierigkeiten beim Vermitteln seiner Fähigkeiten, da die meisten seiner umgebenden Mitmenschen keinerlei Sinn für seine Gesprächsinhalte zu haben scheinen. Unter Seinesgleichen findet er ebenfalls sehr häufig Streit und Zwistigkeiten, da diese eben, ob aus Neid oder Missgunst heraus selten in der Lage sind seinen Interessen und Neigungen zu folgen oder zu teilen.

Die Helligkeit

Die Helligkeit ist ein Parameter der für uns Menschen und dem Ausbilden stabiler emotionaler Zustände von entscheidender Bedeutung ist, obwohl dieser Parameter direkt nicht wirklich greifbar erscheint und von uns nicht als dermaßen wichtig erachtet wird. Erst beim näheren wissenschaftlichen Betrachten versteht ein geübter Mensch die Zusammenhänge, oder aber im praktischen Alltag durch einen tatsächlichen Ortswechsel in – aus unserer Sicht weiter südliche Breitengrade, wo die Sonneneinstrahlung und Intensität und damit die Helligkeit meist stärker ausgeprägt sind, bemerkt der Mensch welch großen Einfluss dies auf die Stimmung hat.

Der Horizont

Der Horizont ist bei uns Stadtmenschen durch die zahlreiche Bebauung um uns herum recht eingeschränkt, so wenn man sich aber auf einem Berg oder gar auf hoher See auf einem Schiff befindet so kann man sehr weit blicken. Das Auge und der Gemütszustand ändert sich schlagartig durch den weiten Blick, es stellt sich ein unbeschreibliches Gefühl der empfundenen Freiheit ein. Wir alle, die in der Großstadt geboren und gelebt haben vergessen dies allzu oft und sehnen uns – ohne das uns das wirklich bewusst wird nach der Ferne. Vielen von uns blieb das zu lange und zu oft verwehrt. Gefangene unserer selbst suchten wir alle nach dem was uns fehlte, jedoch in den falschen Kategorien wir suchten, anstatt zu gehen wohin unser Herz uns immer schon trieb. Angst wir hatten vor der Freiheit unser selbst, gefangen in unserem Wohlstand wartet unsere Freiheit immer noch.

Die Insel

Die Insel ist ein Ort der mir immer schon merkwürdig erschien, egal um welche Insel es sich auch handelte, stets ein Gefühl des gefangen sein, mich überkommt – stets auf eine Fähre oder auf ein Schiff auf das Wetter und die günstige Strömung angewiesen, empfand ich Inseln immer schon als absonderlich. Auch deren Bewohner immer etwas eigenes an sich hatten. Nur Manhattan mit ihren grandiosen Brücken und den Abermillionen von Einwohnern mir stets freundlich in Erinnerung bleibt. So bunt und reich und schön, wie aus einem längst vergessenen Film konnte man dort immer schon heimisch sein, obwohl man ja nur ein ewiger Tourist wird sein.

Der Jungbrunnen

Der Jungbrunnen ist eine literarische Metapher tausendfach rezitiert, eine stets missverstandene, falsch interpretierte und längst in Vergessenheit geratene Lebensrealität, die uns abhanden geraten ist. Der Jungbrunnen ist weder ein Ort noch war es ein Brunnen. Es ist wie wir alle als Kinder schon mal gewusst hatten ein gemeinsam empfundenes Dasein. Nicht für einzelne oder für ewig – nein es ist eine Gesellschaftsstruktur, die uns alle jung bleiben ließe. Wir haben sie aber vergessen, verdrängt und ins Land der Ferne und der Mythen und Märchen verband aus Angst ein Kind zu sein – naiv, aber glücklich.

Der Kosmopolit

Der Kosmopolit war jemand der schon, so schien es allen anderen, bereits zu weit gegangen war. Er transzendierte unser aller Verwandtschaft als Menschen und hatte jegliche Feindschaft und Fremdenverachtung abgelegt. Er wirkte für alle anderen nun zu freundlich und nett. Wie ein Buddha liebte er alle Geschöpfe und wollte nur das sie noch bessere Geschöpfe werden. Ihn anzutreffen war recht schwierig, weil er einmal sehr selten war und weil seine Ansprüche an sich selbst so hoch waren, dass er sehr viel Zeit für sich alleine benötigte. Im Gegensatz zum Metropoliten oder dem gewöhnlichen Großstädter pflegte er keinen regionalen Slang, der ihn zu einem Untertan seiner selbst degradieren würde. Er wollte den Frieden aller Menschen und keinerlei negative Energien um sich herum.

Der König

Der König ist die wichtigste Figur im Schachspiel. Sie kann in alle Richtungen bewegt werden allerdings immer nur ein Feld weit. Ohne seine Königin in seiner Nähe ist er sehr anfällig und kann leicht Matt gesetzt werden.

Die künstliche Intelligenz

Die künstliche Intelligenz ist ein Computerprogramm, welches dem Menschen dienlich sein kann. Unter weniger aufgeklärten Menschen herrschte zu meiner Zeit der häufige Irrglauben, dass die künstliche Intelligenz bereits der Intelligenz des Menschen ebenbürtig sei und demnach keinerlei Möglichkeit mehr bestünde diese künstliche von der natürlichen Intelligenz unterscheiden zu können. In sprachwissenschaftlicher Hinsicht doch recht nützlich, war die künstliche Intelligenz in der Lage dem Anwender beim Verfassen von Texten zu unterstützen, da es ihm eine Stütze bei Rechtschreibung bieten konnte. So gab es auch versuche diesbezüglich einen Sprachroboter zu entwickeln, der es einem ermöglichen sollte ähnlich wie mit einem Menschen kommunizieren zu können. Betrachtete man dann aber die realen Resultate dieser sogenannten Sprachroboter, so offensichtlich waren diese bei weitem nicht imstande einen einfachen Dialog zu führen.

Der Luxus

Der Luxus schien immer schon etwas absonderliches zu sein, exklusiv, selten, wertvoll, anrüchig, teuer – aber stets auch nicht nützlich. Diejenigen, die sich ihn gönnten, schienen nicht wirklich glücklicher dadurch zu werden und diejenigen die ihn verkauften auch nicht. Es waren seltsame Dinge die als Luxus deklariert wurden. Mal waren es sehr teure viel zu groß erscheinende Fahrzeuge, dann manchmal waren es Pelze oder Düfte in Flaschen abgefüllt, die man Flakons nannte, aber auch edle Stoffe und Kleidung wurden gerne mal als Luxus deklariert. Edelmetalle und Edelsteine, aber auch Zigarren oder berauschende Substanzen, Kaviar oder auch Champagner – ja das alles war mal Luxus.

Niemand vermochte zu sagen wieso aber, so schien es – alle diejenigen, die ihn brauchten, vorab bereits unglücklich wirkten – ein äußerst merkwürdiges Gut.

Der Metropolit

Der Metropolit war ein dermaßen an seine jeweilige Metropole angepasster Typus Mensch, dass es ihm äußerst merkwürdig erschien, wenn er denn mal Orte besuchte, die eben keine Metropolen waren. So war ich selbst zu solch einem Metropoliten geworden ohne es zu wissen. In dem ständigem Lärm und dem bunten Treiben aller Mitmenschen, den fortwährend sich entwickelnden Infrastrukturprojekten aber auch den Zustrom an Touristen oder das verfallen von Natur und der Menschen selbst, war die Stadt mein zu Hause geworden. Der Metropolit schien vom äußeren Erscheinungsbild allen nicht Metropoliten als etwas abgestumpft. Über angepasst, gelangweilt, hektisch, zornig ja manch einer fürchtete diesen Typus Mensch sogar. Er war hochgebildet kannte seine Stadt in und auswendig, hatte viele Bekannte und doch war er, so schien es, unnahbar. Er war stets beschäftigt und doch nie gelassen genug, dass man ihn in einer ruhigen Minute mal fassen konnte. So gab es unter den Metropoliten allerdings auch Unterschiede, je nachdem welche Metropolregion besiedelt wurde. Unter allen die man im Verlauf seines Lebens denn treffen konnte war der New Yorker derjenige, der wie gerne zu sagen gepflegt wurde, am meisten sagenumwobene. Er war wie die Legenden aus Film und Theater ihn beschrieben, trocken, ehrlich, freundlich aber bestimmt. Ganz entgegen diesem Typus, so war der Tokyoter der andere Metropolit, unauffällig, schüchtern klein und wirkte eigentlich nicht wie ein typischer Metropolit, was aber so offensichtlich nicht stimmte, denn Tokyo war der größte Ballungsraum von allen Metropolregionen jener Zeit.

Der Mönch

Der Mönch ist ein Mensch, der sein Leben dem Studium sakraler aber auch wissenschaftlicher Texte gewidmet hat. Er lebt für alle außerhalb seines Wirkens betrachtet, eher ein asketisches Leben, welches vor allem Ruhe, Abgeschiedenheit, Vernunft, Meditation und Ordnung kennzeichnet.

Der Nomade

Der Nomade war ein Typus Mensch ohne Wurzeln, er war rastlos, er konnte schwerlich an einem, nur einem Ort verweilen. Es schien, als ob er vor etwas stetig flüchten würde, was so gar nicht der Fall war. Der Nomade war ein Mensch der seinem Naturell entsprechend die Bewegung und den Ortswechsel benötigte. Er hatte seine Sprunghaftigkeit in sich – Denn durch seine, in seinem Gehirn befindliche Entwicklungsgeschichte heraus, in der er mehrere Jahrtausende damit verbracht hatte, den widrigen unaufhaltsamen Naturgegebenheiten zu entweichen, ob es nun Dürren, Vulkaneruptionen oder eben Überschwemmungen oder sogar Kriege und Verwüstungen waren, in seinem Wesen in sich,

sich stetig bewegen zu müssen. In einer Stadt angekommen blieb er auch dort nur selten länger, da ihm seine Mitmenschen manchmal schon zu viel wurden.

Die Oszillation

Die Oszillation der Emotionen

Alle Emotionen wie Wut, Angst, Freude, Trauer, Überraschung und Ekel sind eine Folge von evolutionär entstandenen neuronalen Verschaltungen unseres Gehirns, die einhergehen mit einem entsprechenden Gesichtsausdruck, der durch geschulte Beobachter erfasst werden kann. Fehlen diese Gesichtsausdrücke oder gehen nicht einher mit der tatsächlich im kollektiv wahrgenommenen Situation, so irritiert dies meist alle Mitmenschen und es kommt entweder zu Aggression oder zu einem Appetenzverhalten, um zu sehen was tatsächlich mit dem Betroffenen nicht stimmt. Diagnostisch kann hier einen chronischen Mangel eines jeglichen Gesichtsausdruckes auch als Folge einer neurologischen Erkrankung, einer Depression oder einer tiefen Trauer kategorisiert werden. Aus empirisch logischer Sicht heraus ergibt sich allerdings das Problem, dass gewisse natürliche aber eben doch leidvolle Zustände wie chronische Schmerzen, soziale Isolation, Lichtmangel, Bewegungsmangel und Substanzmissbrauch. Von den Betroffenen selbst selten als Ursache und Auslöser für solch vermeidbares Leid wahrgenommen werden.

Der Pfand

Der Pfand war etwas sehr gutes für alle diejenigen die in eine finanziell schwierige Situation geraten waren. In der Moderne angekommen, gewährleistete der Pfand den armen Seelen unter uns sich durch das Sammeln von Flaschen oder Dosen sich etwas dazuzuverdienen. In der Höchstphase der Bepfandung gab es einen regelrechten Wettstreit zwischen den Sammlern, da allzu oft diese Getränke getrunken wurden, die in den bepfandetetn Gefäßen enthalten waren. Bei sehr großen Festen und Menschenansammlungen gab es sogar welche die mit ihrem Transportfahrzeug ihr vermeintlich ganz großes Los zogen und sich als Sieger sahen.

Die Quantenphysik

Die Quantenphysik ist eine Teildisziplin der Physik. Sie beschäftigt sich mit dem Verhalten von subatomaren Teilchen, wie Photonen oder Elektronen. Ihr scheinbar obskures Verhalten nach zahlreichen experimentellen Versuchsreihen (z.B. Doppelspalt-Experiment) machte es nötig eine ganz eigene Sprache und mathematische Betrachtungsweise für diese absonderlichen physikalischen Phänomene zu begründen. So wurde der bis dahin geglaubte deterministische Ansatz des späten neunzehnten Jahrhunderts obsolet und mit der Quantengravitation, und der Quantenverschränkung ganz neue Felder der Physik erschlossen. Vor allem in Systemen der Optik und Optoelektronik, die wir alle in unserer alltäglichen Technologie ständig nutzen war dieser Bereich von großer Bedeutung.

Die Reaktanz

Reaktanz ist ein Begriff aus dem Fachgebiet Psychologie und wird dahingehend definiert, dass Menschen, denen eine bestimmte Wahlfreiheit abhanden gerät und sie sich somit weniger frei empfinden, dazu neigen ihre Freiheit wieder zurück zu erlangen. Sie zeigen dann überzufällig häufig Verhaltensweisen, die dazu dienen, die vermeintlich abhanden geratene Freiheit wiederzuerlangen. In gängiger Alltagssprache kann der Fachbegriff – Reaktanz am ehesten mit dem Begriff 'Trotz' – etwas zu machen gerade deswegen, weil die gegenteilige, vorgefestigte, und meist gesellschaftlich erwünschte und anerkannte Verhaltensweisen als 'alternativlos' dargestellt und postuliert werden. In 'offenen'

– also in demokratisch organisierten Gesellschaften stehen Gesetze, Normen und Wertvorstellungen in einem permanenten Wetteifer zueinander und die sogenannte Reaktanz stellt in der Regel den alltäglich vorherrschenden Zustand dar, falls denn die Akteure tatsächlich in einem normkonformen und ständig informierten Zustand sich befinden.

Die Routine

Die Routine ist ein geistiger und körperlicher Zustand, beziehungsweise auch eine Fähigkeit, die sich einstellt nach längerer und ausgiebiger Übung eines Verhaltens. Sie ist gekennzeichnet als Muster von Bewegungsabläufen, die für einen außenstehenden Betrachter praktisch wie von selbst und scheinbar automatisch von dem routiniertem Akteur vollbracht werden. Dabei spielt es keinerlei Rolle, ob es sich um eine länger andauernde und 'großräumige' Bewegung handelt oder, ob es sich um eher filigrane und kurz andauernde Bewegungsabläufe handelt, wie zum Beispiel das Sprechen, das Schreiben oder das Malen und Zeichnen etc. handelt. Die Routine stellt sich immer erst ein, wenn die zu vollbringende Tätigkeit ausgiebig lange eingeübt wird. Man sagt dann häufig solche Phrasen wie, 'Übung macht den Meister' und der bereits routinierte Akteur wird demnach häufig als der Meister wahrgenommen. Beim näheren Betrachten allerdings, so offenbaren sich auch gewisse unangenehm wirkende Phänomene bezüglich der Routine, die mit der Phrase – 'Er ist blind vor Routine' am ehesten beschrieben werden können. Das bedeutet, dass der vermeintliche Meister einer Tätigkeit, der bereits maximal routiniert agiert, unter Umständen eben blind vor Routine wird und keineswegs mehr imstande ist andere, vermeintlich unvorhergesehene Ereignisse, spontan in seinem Agieren integrieren kann. Diese sogenannte 'Blindheit' vor Routine untergräbt einem Menschen allzuoft seine kreative Wirkfähigkeit und lässt die meisterhaft wirkende 'Routine' als wünschenswerte Fähigkeit allzu häufig verblassen. Insbesondere scheint dies immer dann zu passieren, wenn durch Änderungen der Umgebung und der Situation ganz allgemein eine Anpassungsfähigkeit des Menschen erforderlich macht und der routinierte Mensch gefangen in seinem Wirken wirkt, und schwerlich aus seinem Zustand der – Blindheit vor Routine – ausbrechen kann.

Die Sprachkompetenz

Die Sprachkompetenz beschreibt die Fähigkeit des jeweiligen Menschen eine Sprache korrekt und verständlich verstehen und sprechen zu können. Sie stellt eine natürliche Brücke zwischen Menschen dar, kann aber ebenfalls als Mauer fungieren, da eben es allzu oft zu Missverständnissen kommen kann, falls Menschen verschiedener Sprachkompetenzen zusammenkommen und sich anstatt zu verstehen sich gegeneinander abgrenzen.

Der Stadtmensch

Der Stadtmensch ist ein Mensch, der wie das Wort eben bereits vermuten lässt in der Stadt lebt. Da die Städte nicht alle gleich sind, so ergibt sich aus der Stadt selbst heraus eine gewisse Eigenart des jeweiligen Stadtmenschen. Städte agglomerierten im späten zwanzigsten und im frühen einundzwanzigsten Jahrhundert in aller Regelmäßigkeit zu wahren Monstern, sogenannte Metropolen – die Bürger dieser großen Städte nannte man dann Metropoliten. Betrachtete man demnach die Siedlungen innerhalb Europas so konnte man feststellen, dass es Dörfer gab, kleine Städte, normale Städte, Großstädte, Metropolen und Megametropolen. Ihre Bewohner waren alle stets angepasst an ihren Lebensraum.

So konnte man die jeweilige Unterteilung, ob es sich nun um ein Dorf oder eine Kleinstadt oder eben eine Megametropole handelte, anhand der Einwohnerzahlen feststellen. Als jemand der in der Jugend mit dem Gedanken gespielt hatte gerne Architektur und Städteplanung zu studieren und als ein Mensch der Zahlen, wie man mir immerzu nachsagte interessierte es mich äußerst oft und intensiv zu erfahren warum so vielfältige Orte Europas leer standen und andere wiederum zu überquellen drohten. Mir wurde dies erst klar, als ich in den Genuss kam die neuesten Städtebausimulationen als Videospiel zu spielen, in denen schon recht schnell deutlich wurde, dass Menschen eben sehr anspruchsvolle Wesen sind und Siedlungen immerzu Menschen benötigen, Menschen mit verschiedenen Talenten und Eigenschaften und auch Fähigkeiten. So wird der Postbote benötigt, der Handwerker, der Arzt der Lehrer die Kinder müssen in ausreichend großer Zahl vorhanden sein, damit der Lehrer auch was zu unterrichten hat, es werden Krankenhäuser, Polizisten, Touristen benötigt, es werden Medienschaffende und eben auch ausreichend viele Konsumenten benötigt, damit überhaupt eine Siedlung erst zum Leben erweckt wird. Bis zu einer Einwohnerzahl von etwa 2000 Individuen ist alles noch recht überschaubar, aber mit wachsender Agglomeration ab spätestens 10000 Einwohnern, so stellen sich sehr schnell wachsende Probleme einer Wasser und vor allem der Abwasserversorgung ein. Umweltverschmutzung durch Müll und auch der Anspruch an medizinischer Versorgung und der ausreichend vorhandenen Kinderbetretung. Sind diese Infrastrukturen und Dienstleistungen dann plötzlich nicht mehr vorhanden, so ziehen Menschen weg oder es stellt sich ein unerträglicher Zustand ein, der die Menschen und den sozialen Frieden nachhaltig und unnötig zu stören vermag. So spricht man von einem Dorf, wenn es sich um eine Siedlungsdichte bis 2000 Einwohner handelt, Siedlungen bis unter etwa 30000 Einwohner stellen bereits eine kleine Stadt dar. Ab 100000 Einwohnern spricht man dann bereits von einer Stadt. Ab einer halben Million bis zu einer Million ist es eben die Großstadt und ab einer Million aufwärts kann schon von der Metropole gesprochen werden.

Die Temperatur

Die Oszillation der Temperatur

Einhergehend mit der stärkeren Sonneneinstrahlung ergibt sich direkt proportional meist auch eine höhere Temperatur, die den Organismus auch nachhaltig zu modulieren im Stande ist. Insbesondere der Kalorienbedarf, der Wasserhaushalt und die körperliche Aktivität scheinen durch eine erhöhte Temperatur wesentlich mitgestaltet zu werden. Aber auch neuronale und hormonelle Veränderung führen durch eine höhere Sonneneinintensität zu einem gesteigerten Antriebsniveau und einer aufgehellten Stimmung. So sind Menschen, die südlicher leben, (zwischen 40° und 30° nördlicher Breitengrade) wesentlich besser angepasst an Hitze und der helleren Umgebung. Betrachtet man dies aus therapeutischer Sicht, so sollten alle diese Gesichtspunkte bei zukünftigen Maßnahmen der Reintegration schwer traumatisierter oder depressiver Menschen in Betracht gezogen werden.

Das Unverständnis

Das Unverständnis ist ein zwischenmenschlicher Zustand, der sich häufiger zu manifestieren scheint als das Verständnis. Je nachdem wie Menschen miteinander gemeinsam kommunizieren wird dies bereits deutlich. Dabei werden Menschen, die sich nicht wohlwollend begegnen sich häufiger in einem Unverständnis wiederfinden, da eben vorab einer oder sogar beide, beziehungsweise alle in dieser Debatte oder Konversation befindlichen Personen sich keinerlei Mühe geben sich verständig zu zeigen, sondern eher ganz bewusst dem anderen jegliche Kompetenz oder Verständigkeit vorab absprechen. Aus psychologischer Sicht heraus ist dies bereits ein eindeutiges Zeichen für eine bestehende Antipathie oder eine Gereiztheit, die jegliche Konversation schwierig erscheinen lässt. Als geübter Mensch in der Konversation bin ich in dieser Hinsicht leider zu häufig dem aggressiven Unverständnis begegnet als andersherum, was mit der einhergehenden permanent aggressiv gestimmten Grundhaltung und Vorurteilen vieler Mitmenschen einhergeht.

Die Verschränkung

Von Verschränkung spricht man innerhalb der Disziplin der Quantenphysik immer dann, wenn zwei oder mehrere subatomare Teilchen, ihr Verhalten an einer Testapparatur zu bedingen scheinen beziehungsweise ganz allgemein gesprochen miteinander korreliert scheinen. In einem quantenphysikalisch verschränkten Zustand eines Systems besitzen die Teilsysteme dieser subatomaren Teilchen mehrere ihrer möglichen Zustände nebeneinander, wobei jedem dieser Zustände eines Teilsystems ein anderer Zustand der übrigen Teilsysteme zugeordnet ist. Um das Verhalten des Gesamtsystems richtig erklären zu können, müssen alle diese nebeneinander bestehenden Möglichkeiten gemeinsam betrachten werden, wobei jedes Teilsystem, so eine Messung durchgeführt wird, immer nur eine dieser Möglichkeiten annimmt, wobei die Häufigkeit für ein bestimmtes Ergebnis, durch eine bestimmte Wahrscheinlichkeitsverteilung bestimmt scheint. Messergebnisse an mehreren verschränkten Teilsystemen sind miteinander korreliert, das heißt, dass je nachdem welches Ergebnis der Messung an nur einem Teilsystem vorliegt, für die möglichen Messergebnisse an den anderen Teilsystemen eine ebenso veränderte Wahrscheinlichkeitsverteilung vorliegt.

Die Wahrscheinlichkeit

Die Wahrscheinlichkeit ist eine theoretische Größe, die mittels der empirisch gewonnen Größe der relativen Häufigkeit geschätzt wird. So ist logischerweise die relativen Häufigkeit als empirische Größe eine aus der Vergangenheit gewonnener Wert, wohingegen die Wahrscheinlichkeit als rein theoretische Größe zeitlos abgebildet wird, es sei denn die Dimension der Zeit selbst ist Teil der Analyse, die betrachtet wird. In der Regel können Prognosen für die Zukunft allerdings selten mit absoluter Gewissheit gemacht werden.

Die Wahrheit

Die Wahrheit ist ein theoretisches und abstraktes Konstrukt, welches durch die Arbeit des Wissenschaftlers offenbart wird. Die Wahrheit vermochte niemand mehr zu mögen, da eben so viele Menschen sich in ihrer persönlichen Lüge bequem eingerichtet zu haben schienen. Niemand konnte noch sagen, wieso es überhaupt die verschiedenen Disziplinen innerhalb der Wissenschaft gab, wenn doch am Ende der vollbrachten Arbeit des Wissenschaftlers die Wahrheit niemand mehr mochte. Sie ist Fundament unsere aller Wohlstand und Quelle des Fortschritts – ohne Wahrheit so driftet eine jegliche Zivilisation in Aberglaube und Tyrannei. Ihr mächtig zu werden vermögen allerdings nur die wenigsten, meist ältere Menschen, die den jüngeren diese dann wiederum zu vermitteln versuchen.

Die Weltformel

Die Weltformel ist im Gegensatz zu der Formel ein hypothetisches Konstrukt, welches alles und jeden in einer Formel zu erklären versucht. Sie besteht sofern denn jemand ernsthaft ein Versuch unternimmt sie aufzustellen (vgl. Drake Formel) aus ebenfalls einer oder sogar mehrerer Kombinationen aus mathematischen Skalaren, Summen oder Produkten, die zur Lösung aller Probleme verwendet werden soll. Da dies bereits schon zu ambitioniert erscheint, wirklich alle Probleme des Kosmos innerhalb einer sogenannten Weltformel zu Lösen zu versuchen, erübrigt sich eine weitere Erschließung des Phänomens.

Die Xenophobie

Xenophobie (aus dem Griechischen entlehnter und zusammengesetzter Begriff / ΞΕΝΟΦΟΒΙΑ; ξενοφοβία – 'Furcht vor dem Fremden', von ΞΕΝΟΣ; ξένος [xénos] 'fremd', 'Fremder', und φοβία [phobía] 'Furcht', 'Schrecken') ist ein bildungssprachlicher Begriff, der eine sozialpolitische und soziokulturelle Einstellung von Menschen beschreibt, die gekennzeichnet ist durch eine ausgeprägt ablehnende Haltung gegenüber Menschen aus einer anderen Kultur, aus einer anderen Region, aus einer anderen Religionsgemeinschaft oder ganz allgemein aus einer anderen Gesinnungsgemeinde stammen. Die Mitglieder jener vermeintlich anderen Gruppenidentifikation werden meist aggressiv abgelehnt. Begründet wird diese ablehnende Haltung häufig mit sozialen, religiösen, ökonomischen, kulturellen oder sprachlichen Unterschieden, die angeblich mit den eigenen inkompatibel seien. In jene vermeintliche 'Andersartigkeit' wird von den xenophoben Akteuren allzuoft eine Bedrohung gesehen und wird von außenstehenden Beobachtern als Fremdenfeindlichkeit wahrgenommen, die häufig einhergeht mit Nationalismus, Rassismus oder Regionalismus. Aufgrund einer generellen fremdenfeindlichen Einstellung kann es zu unötiger Ungleichbehandlung und demnach zu Benachteiligung von Fremden innerhalb einer Gesellschaft kommen.

Das Ypsilon

Das Ypsilon ist im Neugriechischen der zwanzigste Buchstabe des griechischen Alphabets. In der deutschen Sprache hingegen ist er als 25igster Buchstabe der vorletzte Buchstabe des lateinischen Alphabets. Der Buchstabe Y hat in deutschen Texten eine durchschnittliche Häufigkeit von nur 0,04% und ist damit – nach Q und X der drittseltenste Buchstabe. In der aktuellen deutschen Rechtschreibung wird das Ypsilon fast ausnahmslos in Fremdwörtern und Eigennamen verwendet. So hat sich bei griechischen Fremdwörtern unter dem Einfluss der Schulbildung die Aussprache [y, ʏ] (ü) – weitgehend durchgesetzt (so beispielsweise bei den Wörtern 'Typ', oder 'Xylophon'). Noch im früheren 19. Jahrhundert war hingegen die phonetische Aussprache [i] üblich. So beispielsweise in Asyl, Ägypten, Gymnasium, Gymnastik, Hydrant, Zylinder, neben [ʏ] auch etwa in Physik, Psychologie, Pyramide, System. In Fremdwörtern aus anderen Sprachen wird im Allgemeinen die fremde Aussprache übernommen, z.B. bei englischen Fremdwörtern als [i] (meist am Wortende, beispielsweise bei dem Wort 'Party', oder 'Hobby') oder [aɪ] – (beispielsweise bei dem Wort 'Nylon').

Die Zeit

Die Zeit ist ein theoretisches Konstrukt von uns Menschen, welches uns ermöglicht Erlebnisse in einen Rahmen zu erinnern oder zu planen. Die Zeit wird dabei in sogenannten Intervallen geteilt und mittels Uhren oder dem Kalender erfasst. Betrachtet man die Zeit allerdings aus philosophischer Sicht so ist sie nur eine Illusion unseres Daseins beziehungsweise unseres Gedächtnisses. Zeit, die gemeinsam verbracht wird vergeht für die Akteure subjektiv meist anders als Zeit, die alleine verbracht wird. Planen wir hingegen in die Zukunft, so kann logischerweise keine Gedächtnisspur daraus resultieren es entsteht allerdings eine Imagination, oder besser gesagt eine Fantasie, die es uns ermöglicht ihr entgegen zu gehen, um sie Schritt für Schritt Wirklichkeit werden zu lassen.

Das Zwielicht

Das Zwielicht – die Dunkelheit am Tag. Die Dunkelheit ist ein recht alltägliches Phänomen, welches jeder Mensch kennt und sich im Verlauf der voranschreitenden Zeit zwangsweise immer aufs neue manifestiert. Diese 'eindeutige' Dunkelheit nach dem Sonnenuntergang vermag niemanden wirklich zu stören oder Niemand kann sich ihr ernsthaft auf Dauer entziehen – sie ist demnach unvermeidlich und, deswegen auch leicht annehmbar als fundamentale Realität unser aller Dasein. Anders – so meine Beobachtungen, verhält es sich mit der scheinbaren 'Dunkelheit' oder besser gesagt dem 'Zwielicht', welches bei sehr starker Bewölkung in den nördlichen Breiten des Planeten Erde sich, insbesondere im Winter entfaltet. Diese scheinbare 'Dunkelheit' – der Mangel an direkter Sonneneinstrahlung ist durchaus dazu in der Lage das Gemüt des Menschen nachhaltig einzutrüben. Es – 'das Zwielicht' erzeugt einen faden Eindruck aller Objekte und lässt Farben regelrecht verblassen. Die gesamte Umgebung, ob urban oder ländlich wirkt für viele Menschen dann 'graugräulich'. Ohne Seele ohne Leben – ganz so, als würde etwas essentielles fehlen. Die meisten Artgenossen, die sehr empfindlich auf dieses 'Zwielicht' reagierten, waren sich auch nie richtig darüber im klaren, was ihnen denn fehle, da nunmal das alltägliche Wetter ein ganz natürlicher, und nicht weiter zu beeinflussender Faktor unser aller Leben darstellt.